HANS JULIUS WOLFF

**Demosthenes
als Advokat**

SCHRIFTENREIHE
DER JURISTISCHEN GESELLSCHAFT e.V.
BERLIN

Heft 30

Berlin 1968

WALTER DE GRUYTER & CO.

vormals G. J. Göschen'sche Verlagshandlung · J. Guttentag, Verlagsbuchhandlung
Georg Reimer · Karl J. Trübner · Veit & Comp.

Demosthenes als Advokat

Funktionen und Methoden des Prozeßpraktikers
im klassischen Athen

Von

Dr. Hans Julius Wolff

Professor an der Universität Freiburg i. Br.

Vortrag
gehalten vor der
Berliner Juristischen Gesellschaft
am 30. Juni 1967

Berlin 1968

WALTER DE GRUYTER & CO.

vormals G. J. Göschen'sche Verlagshandlung · J. Guttentag, Verlagsbuchhandlung
Georg Reimer · Karl J. Trübner · Veit & Comp.

Archiv-Nr. 27 27 67 8
Satz und Druck: $ Saladruck, Berlin 36
Alle Rechte, einschließlich der Rechte der Herstellung von Fotokopien und Mikrofilmen,
vorbehalten

I

Der Titel meines heutigen Vortrags ist mit Bedacht formuliert. Er deutet meine Absicht an, eine Art Fortsetzung desjenigen zu bieten, den vor etwas über drei Jahren mein Freund und Fachgenosse FRANZ WIEACKER in diesem Kreise gehalten hat. WIEACKERS Thema lautete: „Cicero als Advokat[1]". Den Hauptinhalt seiner Ausführungen bildete eine Darlegung der Methode und des Geistes der Plädierkunst Ciceros, ihrer politischen und geistesgeschichtlichen Voraussetzungen und ihrer Abweichungen von uns geläufigen Formen und Anschauungen.

Mein Vorhaben zielt in eine ähnliche Richtung. Auch ich will versuchen, Ihnen am Beispiel eines der hervorragendsten Vertreter der Zunft ein Bild zu geben von der Funktion, Arbeitsweise und beruflichen Haltung des antiken Anwalts (man gestatte mir der Einfachheit halber diesen, wie sich bald zeigen wird, höchstens annäherungsweise zutreffenden Ausdruck!). Allerdings werde ich Sie noch dreihundert Jahre weiter zurück und in ein sehr anders geartetes Milieu führen: aus der die Welt beherrschenden, aber von inneren Wirren zerrissenen römischen Adelsrepublik in das nach seinem Sturz wieder einigermaßen zu Wohlstand und Macht gelangte und innerlich im großen und ganzen stabile, doch im Grunde kleinbürgerliche demokratische Athen der Zeit zwischen dem Peloponnesischen Krieg und Alexander dem Großen.

Daß ein Vergleich zwischen Demosthenes und Cicero selbst in bezug auf ihre anwaltliche Tätigkeit bestenfalls in engen Grenzen möglich ist, liegt also auf der Hand; die tiefen Verschiedenheiten ihrer Umwelten erstreckten sich in der Tat bis auf die beiderseitigen Gerichtsverfassungen, Prozeßsysteme und materiellen Rechtsordnungen. Was es uns dennoch erlaubt, beide

---

[1] Veröffentlicht als Heft 20 der Schriftenreihe der Berliner Juristischen Gesellschaft (1965).

Männer nebeneinander zu stellen, ist ihre gemeinsame Verwurzelung in der Rhetorik[2]. In wie hohem Maße Ciceros Plädierweise formal und inhaltlich von dieser geprägt worden ist, hat WIEACKER Ihnen lebendig vor Augen geführt. Das Athen des 5. und 4. Jahrhunderts v. Chr. aber war der Ort, wo die etwas früher in Syrakus zum ersten Mal als lernbare Technik erfaßte Gerichtsrhetorik ihre erste Blüte erlebte. Im Zeitalter des Demosthenes, den Cicero bewunderte[3], waren einerseits ihre ursprünglichen soziologischen und politischen Voraussetzungen noch vorhanden, andererseits ihre positiven und negativen Züge bereits voll entwickelt. Auf eine Darstellung der ciceronischen Prozeßkunst eine solche der demosthenischen folgen zu lassen, dürfte sich damit rechtfertigen.

Daß ich gerade Demosthenes in den Mittelpunkt der nun folgenden Betrachtungen stellen und meine Beispiele vorzugsweise den von ihm verfaßten Plädoyers entnehmen werde, wird bei dem fast symbolischen Klang, der seinem Namen anhaftet, niemanden in Erstaunen setzen. Um so klarer müssen wir uns freilich darüber sein, daß ihm dieser Ruhm aus seiner gerichtlichen Betätigung am wenigsten zugeflossen ist. Genau wie Cicero, dessen Gegenstück er auch hierin ist, verdankt er ihn seiner überragenden Begabung für die mitreißende p o l i t i s c h e Rede, seinem hohen Rang als Stilist und seiner Rolle als Politiker, in der er zweifellos Bedeutendes geleistet hat; darin sind sich die Historiker wohl im großen und ganzen einig, mögen sie

---

[2] Das philologische Schrifttum zur antiken Rhetorik ist unübersehbar. Eine kurze, aber ausgezeichnete Übersicht gibt jetzt HILDEBRECHT HOMMELS Artikel „Rhetorik" in dem 1965 vom Artemis-Verlag in Zürich herausgebrachten Lexikon der Alten Welt, Sp. 2611 ff. Aus der sonstigen Literatur der letzten Jahre vgl. etwa das gut orientierende Buch des Amerikaners GEORGE KENNEDY, The Art of Persuasion in Greece (Princeton, N. J., 1963), und den soeben in den Wiener Studien, Ztschr. f. Klass. Phil. u. Patr., N. F. 1 (1967) 125 ff., erschienenen Beitrag von RUDOLF SCHOTTLÄNDER, „Der römische Redner und sein Publikum", sowie, mit speziellem Bezug auf die hier interessierenden Fragen, das Kapitel „Fragwürdigkeit und Notwendigkeit der Rhetorik" im Band III, 2 (Frankfurt/M., 1956), S. 157—168, von ERIK WOLFS Griech. Rechtsdenken. — Ferner sei noch hingewiesen auf den Sammelband „Attische Redner" (Wege der Forschung CXXVII), den WILLIAM M. CALDER III für die Wiss. Buchgesellschaft in Darmstadt vorbereitet.

[3] Vgl. z. B. Cicero, Brutus 9.35: *Nam plane quidem perfectum et cui nihil admodum desit Demosthenem facile dixeris* (denn als schlechthin vollkommen und einen, dem überhaupt nichts fehlt, könnte man leicht Demosthenes nennen).

sonst in ihm, je nach der eigenen politischen Einstellung, bald einen engstirnigen Chauvinisten und Partikularisten, bald einen skrupellosen Demagogen, bald einen von höchsten Idealen getragenen Vorkämpfer für Selbstbestimmung und Freiheit sehen[4]. Auch als Verfasser und Sprecher von Gerichtsreden soll ihm sein Platz in der Spitzengruppe der Vertreter dieser Kunst im damaligen Athen keineswegs bestritten werden. Doch kann man nicht sagen, daß er in der zivilprozessualen Plädoyergestaltung solch einsame Höhen erreicht hätte wie in einigen seiner politischen Reden vor Volksversammlung oder Gericht[5]. Nach meinem natürlich subjektiven und, wie ich gestehe, mehr fachlich als literarisch orientierten Urteil würde ich ihm z. B. seinen Lehrer Isaios in jener Beziehung mindestens gleichstellen.

Aber auch wenn wir uns in der Bewertung einer gewissen Zurückhaltung befleißigen, ist es nicht ungerechtfertigt, Demosthenes als Prototyp des damaligen „Advokaten" herauszustellen. Schon daß wir von keinem anderen unter den attischen Rednern einen so reichen und bunten Kranz von Plädoyers besitzen[6] — was wir vom attischen Recht der sogenannten klassischen Periode wissen, beruht in der Tat weithin auf dieser Quelle —, berechtigt uns dazu. Darüber hinaus aber läßt uns auch kein anderer ein gleich lebenswahres Bild der keineswegs immer bewundernswerten Prozeßpraktiken der Zeit erblicken. Mochte die Sachlage lichtvolle Darlegungen erfordern, mit hohem Pathos vorgetragene ethische Tiraden oder auch zweifelhafte Tricks, Demosthenes war in jeder Hinsicht ein Meister.

Von den erhaltenen Gerichtsreden, die Demosthenes zum Autor haben, sind einige in öffentlichen Strafprozessen, die

---

[4] Rasche Überblicke über die Vielfalt der Meinungen findet man bei WERNER JAEGER, Demosthenes, der Staatsmann und sein Werden (Berlin 1939) 1 ff., und E. WOLF, a. a. O. 326 f.

[5] Das war auch die Meinung Ciceros. So schrieb er einmal an seinen Freund Atticus (Ad Att. 2.1.3): ... *quod in eis orationibus, quae Philippicae nominantur, enituerat tuus ille civis et quod se ab hoc refractariolo iudiciali dicendi genere abiunxerat, ut* σεμνότερός τις *et* πολιτικώτερος *videretur* (HELMUT KASTEN, der Bearbeiter der Tusculum-Ausgabe der Atticus-Briefe, paraphrasiert diese Worte wie folgt: Dein Landsmann Demosthenes zeigt sich ja erst in seinen sogenannten Philippischen Reden in vollem Glanze; erst in ihnen hält er sich frei von jener polternden Art der Gerichtsrede, um erhabener und mehr als Staatsmann zu erscheinen).

[6] Eine Liste der als echt geltenden unter den fast 60 unter dem Namen des Demosthenes überlieferten Reden gibt E. WOLF, a. a. O. 330[1]; etwa 20 der dort aufgeführten sind Prozeßreden.

Mehrzahl in Zivilprozessen oder privaten Strafprozessen gehalten worden. Die ersteren sind die bekannteren und berühmteren, nicht zuletzt darum, weil es in ihnen zumeist um hochpolitische Angelegenheiten ging, die — das war ein Charakteristikum des politischen Lebens des demokratischen Athen — in der Form von Strafprozessen ausgetragen wurden. Für unsere gegenwärtigen Zwecke, wie überhaupt vom Standpunkt des Rechtshistorikers aus, kommt es aber mehr auf die Privatprozeßreden an. An sie werde ich mich daher halten. Dabei werden natürlich solche, die der philologischen Kritik als authentisch gelten, im Vordergrund stehen. Doch möge mir auch ein gelegentlicher Seitenblick auf das eine oder andere der ziemlich zahlreichen Plädoyers erlaubt sein, die von den antiken Herausgebern des *Corpus Demosthenicum* zwar sicher oder wahrscheinlich zu Unrecht in dieses aufgenommen wurden, aber immerhin von zeitgenössischen Autoren stammen und daher als Zeugnisse des Rechts und Prozeßwesens der Epoche den echten Reden gleichwertig sind.

II

Bevor wir uns der Prozeßtätigkeit des Demosthenes im speziellen zuwenden, gestatten Sie mir, Sie in großen Zügen mit dem juristischen und soziologischen Milieu bekannt zu machen, in welchem sich der athenische Prozeßpraktiker des 4. Jahrhunderts v. Chr. bewegte. Auf folgende Fragen kommt es dabei an: Zum einen: Wie war das Rechtssystem beschaffen, innerhalb dessen er wirkte, und wie die Gerichte und der Prozeß, auf die er sich einzustellen hatte; zum anderen: Welcher Art und wes Geistes Kind waren die Leute, die ich hier als „Anwälte" bezeichnet habe?

1. Was zunächst das — verhältnismäßig gut bekannte — Rechtssystem anlangt, so ist es mir hier natürlich weder möglich noch ist es nötig, Ihnen dessen Inhalt im einzelnen vorzuführen[7]. Eines jedoch möchte ich mit Nachdruck feststellen: Gewiß hatte das attische materielle und prozessuale Recht wenig Ähn-

---

[7] Einen raschen Überblick gibt mein Artikel „Griechisches Recht" im Lexikon der Alten Welt, Sp. 2516 ff.

lichkeit mit einem rational konzipierten System, wie wir es verstehen. Es ist aber ein Irrtum, wenn manche meinen, es sei nichts als eine bloße Ansammlung mehr oder weniger isoliert dastehender Einzelgesetze gewesen, die überdies, wie gewisse Gelehrte geglaubt haben[8], von den Gerichten ignoriert worden seien, wenn sie ihnen im gerade anstehenden Fall als unbillig erschienen. Es war eine echte Rechtsordnung, die man auch bewußt als solche erlebte und achtete. Ihren Kern bildeten die auf Stein eingemeißelten und an sichtbarer Stelle aufgestellten Gesetze (νόμοι), als deren Schöpfer, wenn auch teilweise zu Unrecht, Solon verehrt wurde. Dazu kamen eine Reihe ungeschriebener unvordenklicher Rechtssätze; sie wurden sogar für noch heiliger gehalten als die Gesetze, weil sie nicht als nur menschliches und daher veränderliches Gewohnheitsrecht galten (man hatte in der Tat nicht einmal diesen Begriff), sondern mythischen oder gar göttlichen Gesetzgebern zugeschrieben wurden[9].

Der Aufbau dieser Rechtsordnung war aktionenrechtlich, d. h. die Gesetze sahen mehr oder weniger fest umrissene Typen des prozessualen Vorgehens (δίκαι) vor, mittels deren Bürger und beschränkt auch Nichtbürger die Mörder ihrer Verwandten und Verletzer ihrer Person und Habe verfolgen, Bürger zudem im Wege der jedem Politen freistehenden Popularklage (Strafverfolgungsbehörden der uns geläufigen Art waren in den hellenischen Stadtstaaten unbekannt) Missetäter zur öffentlichen Bestrafung bringen konnten. Für jeden Typ einer Dike bestimmte das sie ordnende Gesetz, bei welchem Archonten oder sonstigen Magistrat sie einzubringen war. Ein paar prozessuale Unterschiede von sekundärer Bedeutung gab es zwar zwischen den verschiedenen Klagtypen, doch war das entscheidende Wesensmerkmal der Dike als prozessrechtlichen Zentralbegriffs — ich spreche nur von dem juristischen,

[8] So vor allem SIR PAUL VINOGRADOFF, Outlines of Historical Jurisprudence (Oxford 1922) II 71, Collected Papers (Oxford 1928) II 15 ff., UGO ENRICO PAOLI, Studi sul processo attico (Padua 1933) 33 ff., 39 ff., J. WALTER JONES, The Law and Legal Theory of the Greeks (Oxford 1956) 135. Die Meinung ist ausführlich widerlegt worden von HARALD MEYER-LAURIN, Gesetz und Billigkeit im attischen Prozeß (Weimar 1965).

[9] Vgl. meinen Artikel „Gewohnheitsrecht und Gesetzesrecht in der griechischen Rechtsauffassung" in Deutsche Landesreferate zum VI. Internationalen Kongreß für Rechtsvergleichung in Hamburg 1962 (Berlin—Tübingen 1962), jetzt auch abgedruckt bei ERICH BERNEKER, Zur griechischen Rechtsgeschichte (Wege der Forschung XLV, Darmstadt 1968).

nicht von dem philosophisch-ethischen Sinn des Wortes[10] — allen einzelnen Dikai gemeinsam: immer war sie der eigenmächtige vollstreckende Zugriff bzw., im ausgebildeten Prozeßsystem der klassischen Polis, das mittels Ladung des Gegners zum zuständigen Beamten und Einreichung einer mit kurzer Begründung versehenen Klageschrift zu stellende Begehren auf Zulassung eines solchen Zugriffs. Demgemäß sah man insbesondere im Privatprozeß und öffentlichen Strafprozeß trotz ihrer verschiedenen Zielrichtungen keine funktionell und qualitativ zu unterscheidenden Zweige der Rechtspflege, wie sie denn auch in bezug auf das Verfahren in keinem grundlegenden Gegensatz zueinander standen[11].

Die Entscheidung über die Berechtigung einer Dike und über die zu verhängende Strafe bzw. die Höhe des Betrages (dem ursprünglichen Sinn nach eines Lösegeldes), dessen Beitreibung das Ziel des beabsichtigten Zugriffs war, lag in den meisten Fällen[12] bei einem D i k a s t e r i o n, d. i. einem V o l k s g e r i c h t, dem der angegangene Beamte den Fall zu unterbrei-

---

[10] Zu ersterem vgl. meinen in Anm. 7 zit. Artikel, Sp. 2517. Zu letzterem gibt es eine umfangreiche Literatur; genannt seien etwa RUDOLF HIRZEL, Themis, Dike und Verwandtes (Leipzig 1907), VICTOR EHRENBERG, Die Rechtsidee im frühen Griechentum (Leipzig 1921; jetzt Darmstadt 1966) 54 ff., J. WALTER JONES, The Law and Legal Theory of the Greeks (Oxford 1956) 24 ff., HERMANN FRÄNKEL, Wege und Formen frühgriechischen Denkens² (München 1960) 162 ff., ERIK WOLF, Griechisches Rechtsdenken, *passim*. Die beiden Bezüge des Begriffs werden in der genannten Literatur nicht scharf genug auseinander gehalten.

[11] Allerdings war es üblich, das prozessuale Vorgehen, je nachdem ob es auf einen privaten Zugriff oder auf öffentliche Bestrafung abzielte, als δίκη bzw. als γραφή, also etwas farblos als „Schriftakt", zu bezeichnen. Man geht jedoch fehl, wenn man dieser terminologischen Eigentümlichkeit eine tiefgehende Verschiedenheit der juristischen Natur oder auch nur der Ausgestaltung der beiderseitigen Verfahren entnehmen will. Was die erstere anlangt, so verstand man das Strafverfahren ebenfalls als eine (öffentliche [δημοσία]) δίκη, während verfahrensrechtlich auch der Zivilprozeß, die private (ἰδία) δίκη, die Einreichung einer Klage s c h r i f t erforderte. Δίκη war mithin der Oberbegriff, der beide Zielsetzungen deckte. Es scheint, daß man den neutraleren Ausdruck γραφή für den Strafprozeß darum verwendete, weil in diesem der Kläger das Recht auf den Zugriff nicht für sich selber, sondern für das ganze Gemeinwesen geltend machte und die Vollstreckung nicht der Selbsthilfe des Interessenten, sondern den Behörden anheim gegeben war.

[12] D. h. mit Ausnahme der (übrigens noch im 4. Jahrhundert dem Privatrecht zugehörigen) Prozesse aus Tötungsdelikten, für die selbst in der Demokratie die uralten Adelsgerichte des Areopags und der Epheten zuständig blieben.

ten hatte. Das System der Dikasterien ging in seinen Anfängen auf Solon zurück und kam mit der nach den Perserkriegen erfolgten Etablierung der radikalen Demokratie zur vollen Entfaltung. Es war einer der typischsten, aber auch für uns fremdartigsten Züge der attischen Demokratie; in seiner extremen Ausgestaltung scheint es sogar innerhalb der griechischen Welt selbst keine Parallele gehabt zu haben. Es verkörperte das Prinzip, daß die Fällung des Urteils über ein Verlangen, in Leben, Freiheit oder Vermögen eines Mitbürgers eingreifen zu dürfen, Sache des Volkes selbst sei.

Die Idealforderung, daß es wirklich das ganze Volk — in dieser Funktion als „Heliaia" bezeichnet — sei, wurde allerdings selten und auch dann nur annähernd erfüllt, wenn nämlich besonders schwerwiegende und das politische Getriebe im Innersten berührende Anklagen vor die Gesamtheliaia, eine Gerichtsversammlung von nicht weniger als 6000 Mann, gebracht wurden. Für den alltäglichen Zivil- und Strafprozeß begnügte man sich mit Abteilungen der Heliaia, denen in gesetzlich festgelegter Staffelung von 201 bis zu 2001 durch Los bestimmte Dikasten zugeteilt wurden. Jedem Jurisdiktionsmagistrat wurde ein solches Dikasterion zugeordnet, dessen Besetzung täglich neu ausgelost wurde; alle über 30 Jahre alten Bürger waren hierfür qualifiziert, und man stellte sich gern zur Verfügung, denn die Tätigkeit bedeutete Selbstgefühl, Amüsement und ein leicht verdientes Tagegeld[13].

Die Funktion der Dikasterien war weder die von Geschworenen, die nur über die Schuldfrage befanden, noch waren sie Schöffenbänke in unserem Sinn. Vielmehr waren die Dikasten, u n d s i e a l l e i n , Richter im vollen Sinn des Wortes; in geheimer Abstimmung fällten sie durch Mehrheitsbeschluß das Endurteil. Dem Beamten lagen lediglich eine in der Hauptsache

---

[13] Über den Typ des Dikasten, dem es nur darum zu tun ist, sich wichtig fühlen zu können und die Richterbezahlung zu vereinnahmen, macht sich Aristophanes in den „Wespen" lustig. Um die Ergründung der speziellen politischen Absicht des Dichters bemüht sich E. WOLF, a. a. O. III, 1 (1954) 246 ff. Konservative Kreise Athens verurteilten die Einführung der Richterbezahlung durch Perikles, weil das durch sie geschaffene materielle Interesse an der Richtertätigkeit die Qualität der Dikasten verschlechtern müsse; s. hierzu ROBERT J. BONNER und GERTRUDE SMITH, The Administration of Justice from Homer to Aristotle II (Chicago 1938) 294 f. (mit Quellenangaben).

formale Vorprüfung der bei ihm eingebrachten Dikai, ihre Einführung beim Dikasterion und die Verhandlungsleitung ob; an der Abstimmung nahm er jedoch nicht teil.

Daß vor derartigen Massenversammlungen jeglicher wirkliche Parteiendialog mit dem Ziel der allmählichen Klärung der Rechts- und Tatfragen in ungezwungener Rede und Gegenrede und mittels freier Vorlegung und Prüfung der Beweise ausgeschlossen war, wird sofort einleuchten. In der Tat zeichnete sich der Termin vor dem Dikasterion durch seinen starren Formalismus aus: Auf die vom einführenden Beamten vorgenommene Verlesung von Klageschrift und Klagebeantwortung — beides ganz kurze Schriftsätze, die lediglich die Nennung der verlangten Summe und eine summarische Behauptung bzw. Leugnung des Klagegrundes enthielten — folgten unmittelbar die ausführlichen Parteivorträge, im Normalfall zwei auf jeder Seite, die abwechselnd gesprochen wurden und vom Gegner nicht unterbrochen werden durften. Der Kläger eröffnete den Reigen (es sei denn, der Beklagte hatte eine sog. Paragraphé eingelegt, d. h. eine unserer prozeßhindernden Einrede entfernt ähnliche Verwahrung gegen die Einführung der Dike beim Gericht; in diesem Falle plädierte man zunächst in umgekehrter Reihenfolge über die Zulässigkeit des Prozesses selbst). Die Redezeiten beider Parteien waren begrenzt; zur Kontrolle ließ man eine Wasseruhr ablaufen. Die Beweisführung flochten die Parteien in ihre Plädoyers ein. Gesetze, die man glaubte, für sich anführen zu können (den Grundsatz *iura novit curia* konnte es natürlich nicht geben!), und Urkunden wurden verlesen, und selbst der Zeugenbeweis bestand in demosthenischer Zeit in der Regel in bloßer in Gegenwart des Zeugen erfolgender Verlesung eines Protokolls seiner Bekundung, das für die beweisführende Partei vor dem Prozeß aufgenommen worden war. Auf die Parteireden folgte keine weitere Verhandlung oder Befragung von Zeugen, ebenso keinerlei Debatte der Richter unter sich, sondern sofort die Schlußabstimmung.

Der attische Prozeß, sofern er nicht vorher schiedsrichterlich oder durch einen der häufigen Vergleiche erledigt worden war, fand also seinen Austrag als eine sich nach strengen Regeln entfaltende Redeschlacht vor dem Dikasterion. Man nannte ihn gern einen Agon, also einen Kampf, oder genauer — denn das ist die Vorstellung, die sich eigentlich mit dem Ausdruck verbindet — einen sportlichen Wettkampf. Und ohne Zweifel hatte der Redenaustausch streitender Parteien in Athen etwas von einem solchen[14]. Wenn, wie es in Athen doch nun einmal der Fall war, das entscheidende Gremium eine Massenversammlung leicht entflammbarer Spießbürger ist, fällt es überall schwer, der Versuchung zur Demagogie zu widerstehen. In Athen kam aber noch dazu, daß es tatsächlich wenige Schwächen gab, bei denen der Durchschnittsbürger leichter zu packen war als bei seiner ästhetischen Freude am geschliffenen Wort und oratorischen Feuerwerk, die eine Nationalleidenschaft war. Auch beim besten Willen der Dikasten zur Objektivität — und wenn nicht gerade politische Voreingenommenheit das Urteil trübte, war dieser gute Wille nachweislich durchaus vorhanden[15] — konnte es nicht ausbleiben, daß zu einem guten Teil der Vortrag des Redners Glück machte. Wie sehr man den Prozeß als einen Wettstreit schöner Reden ansah und damit rechnete, daß ein Plädoyer einfach darum, weil es geschickt konzipiert war und gefällig und amüsant vorgetragen wurde, die Richter zu beeinflussen und womöglich der schwächeren Rechtsposition zum Siege zu verhelfen vermochte, zeigt mit großer Deutlichkeit die beliebte *captatio benevolentiae*, das Gericht möge die Unerfahrenheit und Redeungewandtheit des Sprechers mit Nachsicht aufnehmen, mochte solche Bescheidenheit nun echt oder gespielt sein[16].

[14] Daß hierbei die von JAKOB BURCKHARDT (Griechische Kulturgeschichte IV 84 ff., 113 ff. [ich zitiere nach der Ausgabe des Verlags Benno Schwabe u. Co., Basel—Stuttgart 1956—57]) entdeckte und meisterhaft beschriebene „a g o n a l e" Haltung der Griechen, d. h. ihre typische Freude am Wettstreit, eine Rolle spielte, versteht sich; s. hierzu auch, wenngleich vielleicht etwas übertreibend, WIEACKER, a. a. O. 23 f. Gewarnt werden muß allerdings vor den verstiegenen Ausführungen von ANNELIESE MANNZMANN, Griechische Stiftungsurkunden (Münster 1962) 96 ff. Insbesondere ist es abwegig, die Beschränkung des attischen Gerichts auf die bloße Wahl zwischen den Urteilsvorschlägen der Parteien (ohne die Möglichkeit, nach eigenem Ermessen von beiden Anträgen abzuweichen), aus dem agonalen Prinzip herzuleiten und damit zu einer typischen Manifestation gerade des griechischen Geistes zu stempeln. Es handelt sich hier einfach um einen der mancherlei archaisch-steifen, doch keineswegs nur ihm eigenen Züge des attischen Prozesses der klassischen Zeit.

[15] Hierfür darf nochmals auf die in Anm. 8 zit. Arbeit von MEYER-LAURIN verwiesen werden, insbes. S. 32 ff.

[16] Daß man sich in Athen über diese Schwäche der Gerichte auch sonst klar war, zeigt etwa eine böse Bemerkung des Demosthenes *(or. 23.206)*, offenkundig Schuldige würden freigesprochen, wenn sie nur ein oder zwei witzige Bemerkungen machten. S. auch u. Anm. 20.

2. Ich habe bei der Schilderung des attischen Gerichtstyps und des zu ihm gehörigen Prozesses etwas länger verweilt, weil Entstehung und Wesen einer advokaturähnlichen Betätigung erst auf ihrer Grundlage juristisch und soziologisch verständlich werden. Es war die Abhängigkeit der Erfolgschancen von der oratorischen Qualität der Argumentation, die es vielen Prozessierenden als angezeigt erscheinen ließ, sich der Hilfe eines in der forensischen Rede bewanderten Mannes zu versichern. Das konnte sein und war oft genug ein Verwandter oder Freund, der sich des Bedrängten annahm. Indessen stellten sich allmählich auch Leute ein, die sich mit solcher Beistandsleistung ihr Geld verdienten. Wann diese Bewegung auf eine Professionalisierung der Funktion hin einsetzte, läßt sich leider nicht genau sagen. Jedenfalls treffen wir berufsmäßige Logographen (Redenschreiber; dazu s. gleich) spätestens in den letzten Jahrzehnten des 5. Jahrhunderts, zur Zeit des Peloponnesischen Krieges[17], an, und in der nach Beseitigung des Gewaltregimes der Dreißig wieder hergestellten Demokratie des 4. Jahrhunderts blühte das Gewerbe.

Wer aber waren nun diese Leute, worin bestand ihre Tätigkeit, was wurde von ihnen erwartet und wie waren sie vorgebildet?

Hierzu möchte ich vorweg bemerken, daß mir das Wort „Gewerbe" nicht von ungefähr auf die Zunge gekommen ist. Von einem echten Berufsstand, und gar von einem gehobenen Berufsstand im heutigen Sinne dieses Begriffs, kann nämlich keine Rede sein. Die in Frage stehende Betätigung stand jedem frei, war an keine Qualifikationen, Examina oder Zulassung gebunden. Manchem brachte sie seinen Lebensunterhalt, andere widmeten sich ihr, wie eben schon bemerkt, gelegentlich und nicht um klingender Münze willen. Wichtiger aber ist dieses: Diejenigen, für die sie eine Verdienstquelle bildete, waren, soweit wir sehen können, nicht selten ansässige A u s l ä n d e r , sogenannte Metöken; zwei der bedeutendsten, Lysias und Isaios, fielen unter diese Kategorie. Allerdings war die Prozeßhilfe, wenn ich es vorerst einmal so nennen darf, kein Monopol der Fremden.

---

[17] Einer der ersten, wenn nicht der erste, der sich in dieser Weise betätigte, scheint nach Thukydides (8.68.1) A n t i p h o n gewesen zu sein, von dem wir noch einige teils zum wirklichen Gebrauch, teils zu Lehrzwecken verfaßte Reden besitzen. S. auch BURCKHARDT, a. a. O. III 310.

Attische Bürger, darunter sogar solche, die einer gehobenen Schicht entstammten, wie Antiphon, Isokrates, Hypereides und Demosthenes, wandten sich ihr ebenfalls zu Erwerbszwecken zu. Demosthenes trat freilich nicht mehr als Fürsprecher für andere auf, nachdem er sich der Politik zugewendet hatte[18]. Isokrates gab sogar das Schreiben von Gerichtsreden beizeiten auf und hörte es später nicht gern, wenn man ihn an diese Phase seines Lebens erinnerte[19].

Die zuletzt erwähnten Tatsachen zeigen, daß sich der Beruf nicht eben der höchsten sozialen Wertschätzung erfreute — ein Eindruck, den in den Quellen hier und da vorkommende herabsetzende Äußerungen bestätigen[20]. Den heutigen Beobachter mag das auf den ersten Blick befremden. Es wird jedoch verständlich, wenn wir die S u b a l t e r n i t ä t bedenken, die seine eigenen, sich wiederum aus dem Prozeßrecht ergebenden, Arbeitsbedingungen dem Beruf aufzwangen. Das attische Recht schloß nämlich nicht nur, wie viele archaische Ordnungen, die f o r m a l e Prozeßvertretung aus, sondern verlangte darüber hinaus grundsätzlich, daß jeder Litigant seine Sache auch rednerisch in eigener Person verfocht. Wie sehr ein solches Prinzip, das für die Figur des glänzenden, den Prozeß zur Publikumsschau machenden Advokaten keinen Raum ließ, dem Aufkommen eines echten und geachteten Anwaltstandes im Wege stehen mußte, bedarf keiner Ausführung. Zwar erlaubten Gerichte ab und zu aus Gründen der Billigkeit, das Wort einem Fürsprecher zu überlassen. Es ist aber klar, daß man dann nur solche Personen zuließ, die der benachteiligten Partei persönlich nahe standen oder allenfalls sich der Aufgabe aus Großmut unterzogen. Großmut m u ß t e in der Tat das Motiv sein, denn jegliches Eigeninteresse der Berufsadvokaten am Plädieren war schon

---

[18] Demosth. *or.* 32.32
[19] Isokr. *or.* 15.1 Vgl. W. JAEGER, a. a. O. 30 f.
[20] So heißt es in der pseudodemosthenischen R e d e g e g e n L a k r i t o s (*or.* 35.41): „Dieser Lakritos, ihr Richter, hat sich auf diesen Prozeß nicht im Vertrauen auf die Gerechtigkeit seiner Sache eingelassen, sondern... im Glauben, daß er tüchtig sei und über ungerechte Angelegenheiten leicht reden könne, glaubt er, euch nach Belieben irreführen zu können. Das verspricht er nämlich und darin ist er tüchtig, und er verlangt Geld und sammelt Schüler, indem er verspricht, sie genau darin zu unterrichten." Weitere Äußerungen dieser Art bei ROBERT J. BONNER, Lawyers and Litigants in Ancient Athens (Chicago 1927) 22 ff.

durch ein **gesetzliches Honorarverbot** ausgeschaltet. Metöken war im übrigen das Auftreten im Bürgerprozeß vor Bürgergerichten ohnehin verwehrt.

Was hiernach Bürgern und Metöken gleichermaßen als nützliche und zudem vom Honorarverbot nicht betroffene Aufgabe verblieb, war die **Abfassung** von Reden für solche, deren eigene Fähigkeiten dazu nicht ausreichten, die aber das Gericht wenigstens durch den schönen Vortrag eines auswendig gelernten Plädoyers zu beeindrucken hofften. Anders als der aktive Politiker (ein Beruf, der natürlich nur Bürgern offen stand), trat also der Prozeßpraktiker in der Regel nicht selbst als Rhetor auf, sondern begnügte sich damit, für andere Reden zu entwerfen und seine Kunden — teils *ad hoc,* teils schulmäßig — in der Vortragskunst und in der Methode der Redenabfassung zu unterrichten, beides, und zwar oft in Personalunion, als Gewerbe betrieben. Da man in Athen viel prozessierte[21] und im übrigen eine Ausbildung in der Rhetorik nicht nur den Weg in die Politik erleichterte, sondern ganz allgemein ein Kennzeichen höherer Bildung war und daher von vielen gesucht wurde, konnte das einen hübschen Batzen Geld und manchmal sogar Ruhm einbringen, zumal im späteren 5. und im 4. Jahrhundert gelungene Gerichtsreden hin und wieder als Literatur veröffentlicht wurden. Man tat das offenbar, um sich einen Namen zu machen[22], und ohne daß jedesmal die vielfach auf dieselbe Art betriebene politische Propaganda damit verbunden sein mußte. In der Mehrzahl der Fälle dürfte freilich der hinter dem Sprecher eines Plädoyers verborgene „ghost-writer" mehr oder weniger anonym geblieben sein, zumal man es ja einer guten Rede möglichst nicht anmerken durfte, daß sie nicht das eigene Geistesprodukt des Sprechers war. Der untergeordnete Charakter, der nach alledem der Betätigung des Logographen trotz aller sich in ihr manifestierenden Kunstfertigkeit anhaftete, erklärt ihren geringen sozialen Rang.

Zum Abschluß dieser allgemeinen Übersicht seien noch ein paar Worte über die **geistigen Grundlagen** des Be-

---

[21] Darüber machten sich die Athener selbst lustig. In den „Wolken" des Aristophanes bekommt jemand auf der Landkarte Athen gezeigt und antwortet: „Was sagst du? Das glaub' ich nicht, denn Richter seh' ich keine sitzen" (Vers 207 f.).
[22] Vgl. W. Jaeger, a. a. O. 36.

rufs angefügt. Sie ergaben sich aus seiner sozialen Funktion. Wer seine Aufgabe darin sieht, andere mit von ihnen selbst vorzutragenden Reden zu versorgen, muß sein Augenmerk vor allem darauf richten, Aufbau, Stil und Inhalt der Ansprache so zu gestalten, daß sie unter der Voraussetzung einer entsprechenden oratorischen Anstrengung des Sprechers den größtmöglichen rhetorischen Effekt hervorzubringen geeignet sind. Hierfür hatte die rhetorische Theorie, die, zuerst in Syrakus entstanden, um die Mitte des 5. Jahrhunderts nach Athen verpflanzt und dort mit dem Blick gerade auf die Bedürfnisse der forensischen Praxis weitergebildet worden war, bestimmte Schemata ausgearbeitet, die schulmäßig erlernbar waren. An sie hielten sich die Redenschreiber, wobei selbstverständlich, je nach Begabung, der eine mehr, der andere weniger Elastizität und Originalität an den Tag legen mochte.

Hinter der Redekunst, die der Logograph demnach in erster Linie beherrschen mußte, trat dagegen die Rechtskunde beträchtlich zurück. Daß es für die Vorbereitung eines erfolgreichen Plädoyers einer gewissen Kenntnis der Gesetze bedurfte, versteht sich von selbst; jeder Athener besaß sie wohl ein wenig, und in Rhetorenschulen und Praxis lernte man noch einiges dazu. Aber der Logograph war kein Jurist; nicht einmal Cicero, der ebenfalls kein wahrer *iuris peritus* im römischen Sinne war, hätte man ihn an die Seite stellen können. Seltsamerweise sind ja, soweit es um das positive Recht ging, im Unterschied zur Rechtsphilosophie, die antiken Griechen überhaupt niemals über eine primitive Gesetzeskunde hinaus zu wirklicher geistiger Beherrschung des Stoffes gelangt. Auf die mehrerlei Gründe dafür kann ich in diesem Zusammenhang nicht eingehen; bemerkt sei lediglich, daß natürlich die jede echte Diskussion ausschließende Form des klassischen attischen Prozesses eine der Hauptrollen spielte[23]. Daß sich trotzdem in den Reden manchmal Argumente finden, die ein bemerkenswertes juristisches Verständnis — oder sagen wir lieber, zumal man sie gerade gern zum Zweck der Rechtsverdrehung verwendete: juristische Pfiffigkeit — beweisen, ist freilich zuzugeben; ein oder zwei Beispiele dafür gedenke ich Ihnen noch vorzulegen.

---

[23] Vgl. zu obigen Problemen meinen Artikel: „Rechtsexperten in der griechischen Antike" in der Festschrift für den 45. Deutschen Juristentag (Karlsruhe 1964) 1 ff. S. auch E. WOLF, a. a. O. III 2, 164 ff.

III

Das also war die Welt, der der im Jahre 384 v. Chr. geborene Demosthenes angehörte. Seine Sporen als Gerichtspraktiker erwarb er sich schon als Zwanzigjähriger in Prozessen gegen seinen ungetreuen Vormund Aphobos und dessen Komplizen Onetor; da er diese Verfahren in eigener Sache führte, schrieb er nicht nur die dazugehörigen Reden, sondern trug sie auch selber vor. Wir besitzen sie noch heute (or. 27—31). Es scheint, daß schon diese Prozesse Demosthenes einen Ruf als Meister der Plädierkunst eintrugen.

Wie nun stellt sich uns diese allgemein und in der Person des Demosthenes im besonderen dar?

Es versteht sich, daß es jedem Redenschreiber in erster Linie darauf ankommen mußte, ein allen Anforderungen der rhetorischen Kunst genügendes Erzeugnis vorzulegen. Hierbei half ihm die rhetorische Schultheorie, indem sie ihm neben den gängigen Stilmitteln ein Schema zur Verfügung stellte, dem er den logischen Aufbau der Rede entnehmen konnte. Zwischen einer Einleitung ($προοίμιον$) und einer beschwörenden Schlußbemerkung, dem Epilog, hatte sich der eigentliche Körper des Plädoyers zu erstrecken. Dieser zerfiel seinerseits in einen erzählenden Teil ($διήγησις$) und einen argumentativen Teil, in dem der Sprecher die Richtigkeit seines Standpunkts darzulegen suchte. Die Schulbezeichnung für diesen Abschnitt war $πίστις$, ein in seinem genauen Sinn schwer faßbares, hier vielleicht etwa mit „Glaubwürdigkeit" oder auch „Glaubhaftmachung" (aber natürlich nicht in dem technischen Sinn einer abgeschwächten Beweisführung, in dem unser Prozeßrecht den Ausdruck verwendet!) wiederzugebendes Wort.

Theoretisch haben wir es also mit einer sehr sachgemäßen Anordnung zu tun, deren Brauchbarkeit auch heute niemand bestreiten wird. Faktisch freilich war dieser Rahmen weit genug, um alles und jedes, von ernsthafter Sachdarstellung und Sachwürdigung über Geschichtchen zur Erheiterung oder Aufhetzung der Richter, Verleumdungen des Gegners und Aufzählung eigener Verdienste bis zu pathetischer Verkündung hochklingender ethischer Prinzipien, aufzunehmen. Alle diese Möglichkeiten machten sich die Logographen weidlich zunutze, mochte das Vorbringen für die objektive Rechtsfindung sachdienlich sein oder nicht, wenn es nur geeignet schien, die Dikasten zugunsten ihres Mandanten zu beeinflussen. Ein Meister der Methode wie

Demosthenes verstand sich auf diese Künste so gut, daß derjenige, der seine Reden liest, ohne sie einer scharfen juristischen Analyse zu unterwerfen, noch heute in Gefahr ist, sich von ihnen blenden zu lassen.

So hoch aber auch die Wirkung rein rhetorischer Mittel zu veranschlagen sein mag, wir müssen uns vor dem Irrglauben hüten, in ihnen allein habe das Heil einer prozeßführenden Partei gelegen. Wie ich bereits angedeutet habe, besteht Grund zu der Annahme, daß die Dikasten im Normalfall ihren Eid, die Gesetze zu achten und in Ermangelung eines einschlägigen Gesetzes nach ihrer „gerechtesten Meinung" (δικαιοτάτη γνώμη) zu urteilen, ernst nahmen. Der Logograph durfte sich also nicht damit begnügen, seinen Kunden auf rhetorische Mätzchen zu dressieren. Er mußte sich auch bemühen, den Richtern ein Bild vor Augen zu stellen, das sie in die Lage versetzte, aus wenigstens subjektiv ehrlicher rechtlicher Überzeugung für den Sprecher zu votieren. Sein wirkliches Geschick konnte er da beweisen, wo er sich einer verzweifelten Situation gegenüber sah, sei es, daß sein Mandant ihm obliegende Beweise nicht erbringen konnte, sei es, daß der Gegner starke Beweise in der Hand hatte oder seine Stellung aus Rechtsgründen unangreifbar war, so daß ihr mit direkten Lügen (vor denen man, wenn es sein mußte, durchaus nicht zurückscheute) oder mit bloßen rhetorischen Phrasen nicht beizukommen war.

IV

Ich möchte Ihnen nun aus der Fülle des zur Verfügung stehenden Materials ein paar Fälle dieser Art vorführen. Sie werden zeigen, daß Demosthenes sein Handwerk verstand. Am ethischen Wert mancher seiner Methoden darf man aus unserer Sicht füglich zweifeln; wie sie im Lichte seiner eigenen Zeit zu beurteilen sind, wird uns noch beschäftigen. Vorerst betrachten wir sie unter dem Aspekt der objektiven Möglichkeiten, die die Fesselung des Prozesses an die Kampfbedingungen eines bloßen rednerischen Duells vor einem zur sachlichen Kritik nur beschränkt fähigen Publikum einem gewiegten Praktiker bot.

1. Eine der Hauptaufgaben des Logographen bestand darin, die Schwächen der eigenen Position seines Auftraggebers vor

dem Gericht verborgen zu halten. So konnte er versuchen, durch Verlesung einer imponierenden Zahl von Zeugenaussagen über in Wahrheit irrelevante Tatsachen die Dikasten darüber hinwegzutäuschen, daß er ihnen den Beweis für entscheidende Behauptungen schuldig blieb. Da, wie ich bereits sagte, die Beweisführung in das lediglich mündliche Plädoyer — mit seinen Möglichkeiten der psychologischen Beeinflussung der Hörer schon durch einfaches schnelleres oder langsameres Sprechen, größeren oder geringeren Stimmaufwand, Mienenspiel, Gesten und dergleichen mehr — eingeflochten wurde, außerdem ihre Brüchigkeit bestenfalls im Gegenplädoyer bloßgelegt, aber nicht durch eine Diskussion oder durch kritische Fragen des Gegners oder der Richter an den Tag gebracht werden konnte, durfte man sich von solcher Taktik mehr erhoffen als etwa im heutigen deutschen Zivilprozeß von einem Schwall leerer, aber der ruhigen Prüfung seitens des Gerichts unterliegender Beweisantritte.

In dieser etwas primitiven Weise suchte in der Tat der Sprecher der pseudodemosthenischen R e d e g e g e n A p a t u r i o s (or. 33) mit einer hoffnungslosen Beweislage fertig zu werden[24].

Auf feinere Art begegnete Demosthenes selbst ähnlichen Schwierigkeiten in der R e d e g e g e n K o n o n (or. 54), die er für einen jungen Mann namens Ariston schrieb. Ariston klagte gegen Konon wegen Körperverletzung (αἰκία). Er behauptete, die Söhne des Beklagten, üble Rauf- und Trunkenbolde (wenn wir ihm glauben dürfen), hätten ihn unter Führung und tätiger Teilnahme ihres Vaters derart zusammengeschlagen, daß er lange Zeit auf dem Krankenbette mit dem Tode gerungen habe.

Es klingt alles durchaus überzeugend. Bei aufmerksamer L e k t ü r e der Rede (die aber eben von den Richtern nur g e h ö r t und n i c h t sorgfältig gelesen wurde!) merkt man jedoch, daß der Kläger zwar viel über die Schlägerei und deren unerfreuliche Folgen für ihn zu erzählen wußte und für all das eine stattliche Zahl von Zeugen hatte, daß er aber — offenbar weil es ihm d a f ü r an Zeugen gebrach — elegant gerade über das hinwegglitt, wovon das Gesetz den Anspruch letztlich abhängig machte, nämlich, daß der Beklagte den e r s t e n

---

[24] Näheres in meiner Monographie „Die attische Paragraphe" (Weimar 1966) 25 ff.

Schlag getan haben müsse. Er konnte sogar im Gegenteil nicht vermeiden, vorsichtig durchblicken zu lassen, daß er darauf gefaßt war, genau diesen Vorwurf selbst vom Beklagten vorgehalten zu bekommen. Diese Befürchtung steckt unverkennbar hinter seiner betont verachtungsvollen Behandlung eines Beweisantritts des Gegners, der ihn in der solennen Form der sogenannten *Proklesis* aufgefordert hatte, seine, des Beklagten, Sklaven mittels peinlicher Befragung über die Prügelei zu vernehmen (§ 27 der Rede).

Daß es dabei vor allem um die Entstehung des Raufhandels gehen sollte, ergibt Aristons Rechtfertigung seiner Zurückweisung des förmlichen Angebots. An sich konnte diese auf die Richter nur den denkbar ungünstigsten Eindruck machen, pflegte man doch solche Weigerung als Zugeständnis der gegnerischen Behauptung zu werten. Um die peinliche Folge abzuwenden, drehte Ariston den Spieß gewissermaßen um und warf seinerseits dem Konon vor, er habe den Beweisantritt bis zum letzten Moment der bereits bis zur Urteilsverkündung gediehenen Vorverhandlung vor dem amtlichen Schiedsrichter (Diaitet) hinausgezögert. Damit wollte er die Taktik Konons als ein bloßes Verschleppungsmanöver erscheinen lassen. Denn, so geht es weiter, wäre es dem Beklagten mit dieser Verteidigung ernst gewesen, so hätte er doch sofort mit allen Mitteln reagiert, als ihn der Kläger auf dem Krankenbett und in Erwartung seines Todes gegenüber jedem seiner Besucher als den Angreifer brandmarkte, zumal ja der Beklagte, wäre der Kläger wirklich gestorben, sogar mit einer Mordanklage hätte rechnen müssen (§ 28). Selbst gesetzt den Fall, all das sei Konon unbekannt gewesen, sei es jedenfalls klar, daß er eine wahrhaft gewollte Einvernahme seiner Sklaven gleich im ersten Termin vor dem Diaiteten angeboten hätte (§ 29).

Wie zumeist, sind uns leider die Gegenargumente und der Ausgang auch dieses Rechtsstreits unbekannt. Dennoch ist die Kononrede in mehrfacher Hinsicht für uns lehrreich. Unter dem Gesichtspunkt der persönlichen Kunst des Demosthenes zeigt sie, wie er als scharfblickender Prozeßtaktiker die sich seinem Klienten als Kläger und Eröffner des Redekampfes bietende Chance der Vorabdiskreditierung der erwarteten und potentiell gefährlichen Beweisführung des Gegners erkannte und zu nutzen verstand; kam er damit durch, so durfte er auch erwarten, daß die Richter über den Mangel eines strikten Beweises für die Schuld des Beklagten hinwegsehen würden. Daß Demosthenes hierbei von dem üblen Ruf profitiert haben mag, in welchem Konon und seine Söhne vielleicht, ja — in der ja verhältnismäßig kleinen Bürgergemeinde! — wahrscheinlich, als stadtbekannte Rabauken standen, läßt seine Geschicklichkeit nur um so heller scheinen.

Aber nicht nur für die persönliche Befähigung des Demosthenes legt die Rede Zeugnis ab. Auch im Hinblick auf das Allgemeine darf sie genannt werden als ein Beispiel unter sehr vielen für die von der antiken Rhetorik zur hohen Kunst entwickelte Technik, in Ermangelung wirklicher Beweise, wie Zeugen, Urkunden und dergleichen — von der Theorie als ἄτεχνοι πίστεις, kunstlose Glaubhaftmachungen, bezeichnet, im Gegensatz zu den sofort zu nennenden ἔντεχνοι πίστεις, künstlichen Glaubhaftmachungen (die antike Terminologie brauchte den Begriff „technisch" im genau umgekehrten Sinne wie wir) — mit indirekten Beweisen, d. h. W a h r s c h e i n l i c h k e i t e n (dem sog. εἰκός), A r g u m e n t e n und I n d i z i e n (τεκμήρια), zu arbeiten.

Und noch ein weiterer, sehr wichtiger Charakterzug des attischen Plädoyers des 4. Jahrhunderts, der ebenfalls durch zahlreiche andere Reden bestätigt wird, tritt in der Kononrede beispielhaft ans Licht. Das Plädoyer ist n i e m a l s darauf angelegt, die Dikasten zur offenen Nichtbeachtung der Gesetze zu verführen. Sogar die Verwendung von Billigkeitsgesichtspunkten als Korrektiv allzu starren Gesetzesrechts, etwa in Form einer *exceptio doli*, wäre den noch tief in archaisch-steifer Denkweise befangenen Athenern als Rechtsbeugung erschienen[25]; daran kann auch die Tatsache nichts ändern, daß das Problem des Konflikts zwischen gesetzlicher und wahrer Gerechtigkeit von der zeitgenössischen Philosophie eines Platon und Aristoteles bereits klar erkannt worden war[26]. Im praktischen Prozeß hieß das, daß die Redner sich bemühen mußten,

---

[25] Nachgewiesen von MEYER-LAURIN in seinem mehrfach genannten Buch.

[26] Hierzu etwa aus neuerer Zeit: EMMANUEL MICHELAKIS, Platons Lehre von der Anwendung des Gesetzes und der Begriff der Billigkeit bei Aristoteles (München 1953), PAULUS STOFFELS, Billijkheid in het Oud-Griekse Recht (Diss. Amsterdam 1954).

den Richtern ein solches Bild des Tatbestandes zu suggerieren, daß diese es mit ihrem Gewissen vereinbaren konnten, die der Partei genehmen Gesetze anzuwenden und die nicht genehmen für unanwendbar zu halten.

In erster Linie diesem Zweck diente — zumindest im Zivilprozeß — neben der Sachdarstellung in geeigneter Färbung ein uns wenig sympathischer, aber für die damalige Gerichtsrhetorik sehr typischer Zug: die Stimmungsmache. Auf sie, insbesondere auf ihre jeweils empfehlenswerte Dosierung, verstand sich gerade auch Demosthenes ausgezeichnet. Anschwärzung des Gegners erweckte Zweifel an seiner Glaubwürdigkeit, Herausstreichung der eigenen Person oder Mitleidserregung zielte in erster Linie auf Erhöhung der eigenen Glaubwürdigkeit ab.

2. Manchmal freilich lag das Recht so eindeutig auf der Seite des Gegners, daß nicht einmal diese Mittel fruchteten. Dann gab es nur noch eines: Die Köpfe der Richter durch Verschleierung der wahren Lage so zu verwirren, daß sie zu korrekter Rechtsfindung nicht mehr fähig waren. Daß Demosthenes auch über solche Methoden nicht erhaben war, wird das folgende Beispiel lehren.

Gemeint ist die Rede gegen die Brüder Nausimachos und Xenopeithes (or. 38), die Demosthenes für vier dem Namen nach nicht bekannte Klienten, ebenfalls Brüder, schrieb. Seinen Mandanten waren von den Gegnern vier parallele Prozesse angehängt worden; formal wurde jedes der vier Verfahren vermutlich gesondert gehalten, doch dürften sie zusammen verhandelt und die vorliegende Rede von einem der vier Beklagten für alle vorgetragen worden sein.

Folgendes war der Sachverhalt[27]: Aristaichmos, der Vater der Beklagten, hatte die Kläger bevormundet. Nach Beendigung der Vormundschaft erhob sich Streit über die Abwicklung der Vormundschaft, der schließlich nach acht Jahren durch eine dem

---

[27] Es darf nicht verschwiegen werden, daß die obige Rekonstruktion des Tatbestandes hypothetisch ist. Sie beruht auf einer kritischen Wertung der nur unter den hier angenommenen Voraussetzungen als sinnvoll erscheinenden prozessualen Schritte der Parteien, wie die Rede sie erkennen läßt. Für die Einzelheiten darf ich auf meine ausführlichen Analysen der Rede im Eranion für G. S. Maridakis (Athen 1963) I 95 ff. und in der soeben (Anm. 24) zit. Monographie, S. 57 ff., verweisen.

Aristaichmos von den Klägern erteilte Entlastungsquittung (ἄφεσις καὶ ἀπαλλαγή) erledigt wurde. Nunmehr, nach abermals nicht weniger als vierzehn Jahren, behaupteten aber die ehemaligen Mündel plötzlich, eine zum Mündelvermögen gehörige und in der Schlußabrechnung, die sie durch Dechargeerteilung gebilligt hatten, als noch ausstehend aufgeführte Forderung sei nachträglich von Aristaichmos bzw. nach seinem Tode vom Vormund seiner Söhne beigetrieben, der Betrag jedoch weder von Aristaichmos selbst noch nach seinem Tode von seinen Söhnen und Erben abgeführt worden. Darin erblickten sie eine **noch fortdauernde** ungerechtfertigte Vorenthaltung (ein ἀποστερεῖν; wörtlich: entreissen) ihnen gehörigen Gutes, die sie, da der Nachlaß des Aristaichmos noch ungeteilt war, allen seinen Söhnen zur Last legten. Sie erhoben die deliktische „Klage aus Schädigung" (δίκη βλάβης) auf das Doppelte des ihnen entzogenen Betrages, und zwar **kumulativ** gegen jeden einzelnen der vier. Zu diesem, den heutigen Beobachter auf den ersten Blick frappierenden Vorgehen waren sie befugt, weil das Duplum nicht lediglich als ein pauschalierter Schadensersatz verstanden wurde, sondern, archaischem Denken gemäß, als eine rein pönale und daher jeden Täter für sich treffende Buße.

Im Ergebnis verlangte man also von den Beklagten das **Achtfache** des angeblich nicht abgeführten Betrages! Machte schon das allein ihre Lage wenig beneidenswert, so kam noch hinzu, daß die Klage nicht nur rechtlich in der Tat unanfechtbar war, sondern, wie die Rede zeigt (§§ 9 ff.), die Beklagten auch den tatsächlichen Behauptungen der Kläger kaum mehr als fadenscheinige Wahrscheinlichkeitsargumente entgegenzusetzen vermochten. Ihr Berater Demosthenes verfiel indessen auf einen Ausweg, der für seine souveräne Beherrschung der im Prozeßrecht und in der Psychologie der Massengerichte liegenden taktischen Möglichkeiten, aber auch für seine Unbedenklichkeit Zeugnis ablegt. Er ließ sich nicht auf den hoffnungslosen Versuch einer direkten Bestreitung des klägerischen Anspruchs ein, sondern wählte einen Umweg.

Er benutzte nämlich die Tatsache, daß die in Wahrheit auf ein gegenwärtig noch wirksames Delikt gestützte Klage eine Art Nachklang zu der einst von Aristaichmos geführten Vormundschaft bildete, als Handhabe, den Anspruch der Kläger unversehens in einen solchen aus der Vormundschaft selbst umzufälschen und ihn daraufhin, unter Berufung auf die einst erteilte Entlastung und auf die gesetzlich nach fünf Jahren eintretende Verjährung der Vormundschaftsklage, als längst erledigt und schon prozeßrechtlich unzulässig (οὐκ εἰσαγώγιμος) hinzustellen. Das ganze Plädoyer war darauf abgestellt, die Dikasten auf diese falsche Fährte zu locken, eine Aufgabe, die seinem Verfasser der Umstand erleichterte, daß der Gegenangriff die prozessuale Form der Paragraphé erforderte, was zur Folge hatte, daß auch dieser Klient den Vorteil der Eröffnungsrede hatte. Das ermöglichte es ihm, die Argumente so anzuordnen, daß von vornherein der Eindruck erweckt werden konnte, als drehe es sich auch in diesem Prozeß immer noch um die in Wahrheit gar nicht mehr interessante Vormundschaftsangelegenheit. Mittels solcher Taktik, sowie durch eine für den bloßen Hörer der gesprochenen Rede selbst bei schärfster Aufmerksamkeit kaum durchschaubare absichtliche Entstellung des Sinns der einstigen und der jetzigen Anspruchsbegründung[28], suchte er die Richter vom Kernpunkt des Prozesses abzulenken.

Ob es ihm gelungen ist, wissen wir wieder nicht. Aber es gibt zu denken, daß auch moderne Gelehrte, darunter noch LOUIS GERNET, Philologe und Jurist und einer der bedeutendsten Demostheneskenner unserer Zeit, nicht erkannt haben, daß Nausimachos und Xenopeithes ihren gegenwärtigen Anspruch in Wirklichkeit gar nicht mehr aus der Vormundschaftsführung des Aristaichmos herleiteten[29].

---

[28] Zur Zeit der Abrechnung mit Aristaichmos hatten die Kläger diesem vorgeworfen, er habe über die noch ausstehende Forderung nicht Rechnung gelegt; jetzt hatten sie sich auf die Aufführung der Forderung in der inzwischen erstellten und von ihnen gebilligten Schlußabrechnung berufen und das in ihren Klageschriften ausgedrückt: παραδόντος ἐμοὶ τοῦ Ἀρισταίχμου τὸ χρέως ἐν τῷ λόγῳ τῆς ἐπιτροπῆς (nachdem Aristaichmos mir den Schuldposten in der Vormundschaftsrechnung übergeben hat). Hieraus machte Demosthenes: Das eine Mal beruft man sich auf die Rechnungslegung, das andere Mal klagt man, weil keine Rechnung gelegt worden sei (ὡς... οὐκ ἀποδόντι λόγον τότ' ἐγκαλοῦντες φαίνονται), m.a.W.: man verlangt mit wechselnden Begründungen immer wieder dasselbe (§§ 15, 16, der Rede)!

[29] Vgl. GERNET, Démosthène, Plaidoyers civils I (1954) 250, 252². Wie GERNET urteilten ältere Juristen und Philologen (Zitate im Eran. Maridakis 97[24]).

V

Die vorgerückte Zeit verbietet es mir, Ihnen weitere Beispiele ähnlicher Verschleierungskünste[30] oder — auch das gab es — irreführender Zitierung nicht einschlägiger Gesetze[31] vorzuführen. Gestatten Sie mir jedoch, zum Schluß noch einige Beobachtungen allgemeinerer Art anzufügen.

Vor allem möchte ich einem irrigen Eindruck entgegenwirken, den meine Ausführungen hervorgerufen haben könnten: Die nach unseren Begriffen teilweise anrüchigen Methoden, von denen ich gesprochen, und die Kostproben, die ich Ihnen vorgesetzt habe, dürfen uns nicht dazu verführen, uns Demosthenes als einen schäbigen Winkeladvokaten vorzustellen! Im Kononfall tat er, glaube ich, nichts, das nicht auch jeder heutige Rechtsanwalt mit seinem Gewissen vereinbar fände. Die Rede

---

[30] Dem Sprecher der von Demosthenes geschriebenen Rede gegen Spudias (or. 41) war daran gelegen, den Anschein zu erwecken, als habe der Gegner, sein Schwager, vom gemeinsamen Schwiegervater eine Mitgift in etwa gleicher Höhe empfangen wie er selbst. Zu diesem Zweck machte er eine Rechnung auf, in welcher er einerseits persönliche Gegenstände der beiden Frauen, die in Wahrheit nicht als Mitgiftsgut galten, einbezog, andererseits aber über einen ihm selbst zugesagten und nur noch nicht ausgezahlten Barbetrag mehr oder weniger hinwegglitt (§§ 27 f. der Rede). Wurde die komplizierte Zusammenstellung in schneller Rede vorgetragen, so war der bezeichnenderweise nicht als glatte Lüge, sondern lediglich als berechnete Unklarheit aufgezogene Schwindel kaum durchschaubar (für eine genauere Analyse vgl. meine Beiträge zur Rechtsgeschichte Altgriechenlands [Weimar 1961] 175 ff.). Ein ähnliches Verwirrungskunststück begegnet auch in der pseudodemosthenischen Rede gegen Phormion, or. 34. 25 f. (s. Paragraphe 68[90]).

[31] In der eben erwähnten Rede gegen Spudias wehrte sich der Sprecher, wie es scheint, gegen den Versuch seines Gegners, ein ihm, dem Sprecher, angeblich wegen des noch nicht gezahlten Mitgiftrests „apotimiertes" — d. h. hier: als Pfand, gegebenenfalls als Ersatzleistung, überlassenes — Haus in den Nachlaß des Schwiegervaters einzubeziehen. Um zu begründen, daß wegen dieses Hauses keine Ansprüche erhoben werden könnten, brachte er (§ 7 der Rede) ein Gesetz vor, das gerichtliche Klagen ausdrücklich ausschloß, soweit ein Apotimema bestellt war (ὃς οὐκ ἐᾷ διαρρήδην, ὅσα τις ἀπετίμησεν, εἶναι δίκας). In Wirklichkeit meinte dieses Gesetz jedoch, es solle keine Klage auf Rückstellung einer Mitgift nach beendigter Ehe geben, soweit Mitgiftgegenstände oder ein gleichwertiges Vermögensstück des Ehemannes dem Kyrios (Gewalthaber) der Frau zur Sicherung der Mitgift „apotimiert", d. h. für direkten eigenmächtigen Zugriff bereit gestellt worden waren. Der Sprecher machte sich die Tatsache, daß auch sein eigener Fall etwas mit einer Mitgift zu tun hatte, und die allgemein gehaltene Fassung der Bestimmung zunutze, um Ansprüche, auf welche sich diese überhaupt nicht bezog, mit ihrer Hilfe zu bekämpfen. Vgl. Wolff, Festschr. f. E. Rabel (Tübingen 1954) 308 f., 331.

gegen Nausimachos und Xenopeithes zeigt, daß er, wenn es sein mußte, auch krumme Wege zu beschreiten bereit war; und andere seiner Plädoyers bestätigen das. Doch ist selbst hier zu berücksichtigen, daß die achtfache Verurteilung, die seinen Mandanten drohte, ja wirklich eine ganz unverhältnismäßige Härte bedeutete, mochte sie dem formalen Recht noch so sehr entsprechen. Man darf fragen, ob es in einem solchen Fall nicht die archaische, o f f e n e n Billigkeitserwägungen (niemand konnte natürlich die geheime Stimmabgabe der einzelnen Dikasten kontrollieren) keinen Raum lassende Steifheit des Rechtes war, die einer Partei Finten der Art, wie wir sie beobachtet haben, geradezu aufzwang; auch dafür ließen sich aus den Reden wohl Parallelen anführen[32].

Wichtiger aber als solche auf den Einzelfall bezogene Fragen, die überdies beim Stande unserer Quellen Fragen bleiben müssen, ist die prinzipielle Feststellung, daß sich überhaupt einer unhistorischen Betrachtungsweise schuldig macht, wer Demosthenes und seine Kollegen an den Maßstäben einer heutigen Standesethik mißt. Auch diesen Fehler hat man gemacht: So hat die Tatsache, daß Demosthenes einmal zuerst für die eine Seite eines Rechtshandels und dann in einem Nachprozeß gegen einen Zeugen dieser Seite wegen Falschaussage für die Gegenseite gearbeitet und dabei noch dazu seine beiden Klienten jeweils als Gegenpartei mit wüsten Beschimpfungen bedacht hat (Reden f ü r P h o r m i o n, *or.* 36, und g e g e n S t e p h a n o s I, *or.* 45), einem Gelehrten des 19. Jahrhunderts geradezu als Argument gegen die Authentizität der Rede gegen den Zeugen (Stephanos) gedient[33]; er meinte treuherzig, solch perfides Doppelspiel sei dem edlen Manne nicht zuzutrauen! Andere[34] — unter ihnen schon der antike Moralist Plutarch — haben den ent-

---

[32] Eine allerdings etwas entfernte Ähnlichkeit hat der Fall der R e d e g e g e n Z e n o t h e m i s, *or.* 32 (Demosthenes' Autorschaft ist möglich — der Sprecher, ein gewisser Demon, war mit ihm verwandt —, aber bei den Philologen umstritten). Demon suchte die Einführung eines von Zenothemis gegen ihn angestrengten Prozesses mit geschickt ersonnenen, aber ungewöhnlich spitzfindigen und fadenscheinigen Argumenten zu hintertreiben. Er befand sich — möglicherweise sogar ohne eigene Schuld — in einer so hoffnungslosen Beweislage in bezug auf die Hauptsache, daß seine einzige Chance in der Verhinderung des Prozesses lag (eingehende Analyse in Paragraphe 35 ff.).
[33] Arnold Schaefer, Demosthenes und seine Zeit (1858) 177 f.
[34] Zitate in Paragraphe 50[66].

gegengesetzten Standpunkt eingenommen und über Demosthenes die Nase gerümpft oder nach Entschuldigungsgründen für ihn gesucht.

Die erste dieser Meinungen hat sich nicht durchgesetzt; die Mehrzahl der Philologen ist sich seit langem darüber einig, daß Demosthenes der Autor beider Reden ist. Aber auch abgesehen von diesem Echtheitsproblem ist die moralische Kritik nicht am Platze, weil sie allzu leicht geneigt ist, sich von abstrakten Erwägungen leiten zu lassen, die zu den Bedingungen, unter welchen die Logographen arbeiteten, keine Beziehungen haben. Werfen wir einen Blick auf die faktische Situation!

Zu sagen, daß die Frage nach dem ethisch Erlaubten für die Logographen überhaupt keine Rolle gespielt habe, wäre eine Übertreibung. Parteiverrat galt auch in ihrer Zeit als schimpflich, nur waren seine Grenzen wohl enger gezogen als bei uns. Wo sie lagen, scheint aus einer Äußerung des Aeschines zu erhellen[35]: Mit Bezug auf den eben erwähnten Fall wirft er Demosthenes **Verrat der Geheimnisse** des Phormion, Demosthenes' Klienten im ersten der beiden Prozesse, vor, aber nicht die Abfassung von Reden für beide Seiten. Wäre sie verpönt gewesen, so hätte sich Aeschines die Gelegenheit, seinem Todfeind auch dies anzukreiden, gewiß nicht entgehen lassen[36].

Ergibt sich somit, daß dem Logographen berufsethisch begründete Pflichten — wenn wir diesen anachronistischen Ausdruck einmal verwenden dürfen — schon im Verhältnis zu seinem Auftraggeber nur in engen Grenzen oblagen, so verwundert es um so weniger, daß wir von ethischen Hemmungen gegenüber dem **Gegner** überhaupt nichts bemerken. Ganz sicher verstand sich der Logograph nicht als „Organ der Rechtspflege"! Man erwartete von ihm — wie ja heute noch vom amerikanischen Prozeßanwalt —, daß er kein Mittel unversucht ließ, wenn es galt, seinem Mandanten zum Siege zu verhelfen. In

---

[35] Or. 2. 165 (**Rede über die Gesandtschaft**).
[36] W. Jaeger, a. a. O. 212[84], glaubt, das Schweigen des Aeschines damit erklären zu sollen, daß ihm die Tatsachen nicht hinreichend bekannt gewesen sein werden. Es ist aber schwer vorstellbar, daß die Machenschaften zweier so bekannter Politiker wie Demosthenes und Apollodor, seines Gegners im ersten und Klienten im zweiten Prozeß, gerade ihrem geschworenen Feind verborgen bleiben würden.

diesem Lichte muß man nicht nur skrupellose Winkelzüge, sondern auch die zuweilen hemmungslosen Angriffe auf die Person des Gegners sehen. Da sich Demosthenes auf sie besonders gut verstand, hat man in ihnen sein angeblich cholerisches Temperament erkennen wollen[37]. Er war aber keineswegs der einzige, der sich dieses Mittels bediente, und darum wird man eher WERNER JAEGER[38] beipflichten, der derartige Schimpfkanonaden als einfache, vom Logographen her gesehen, unverbindliche Interessenwahrnehmung kennzeichnet.

Hierzu darf übrigens bemerkt werden, daß das Altertum, dem der Gedanke des allgemeinen Persönlichkeitsrechts noch fremd war, der persönlichen Invektive überhaupt anders gegenüberstand als wir. Zwar gewährte das attische Recht eine spezielle Bußklage wegen Verbalinjurien, die δίκη κακηγορίας, doch scheint es, daß deren Tatbestand eng gefaßt, insbesondere an einen festen Katalog von Schmähausdrücken gebunden war[39].

Die eben zusammengestellten Charakterzüge werden voll verständlich, wenn wir uns nun noch einmal den menschlichen Typ des Logographen, seinen Standort im gesellschaftlichen Gefüge der Polis und seine Funktion vergegenwärtigen. Wir haben es mit Leuten zu tun, die durch keinerlei kontrollierte Qualifikationen herausgehoben waren. Sie genossen nicht nur kein besonderes soziales Ansehen, sondern verrichteten aller Wahrscheinlichkeit nach in der Mehrzahl der Fälle ihre Arbeit im Verborgenen. Für die große Masse müssen sie anonym geblieben sein; daß einige wenige unter ihnen zu Ruhm und politischer Bedeutung aufstiegen, ändert daran nichts. Sie waren kein Stand und konnten selbstverständlich keine Standesethik entwickeln. Ihr Dienst galt nicht dem Recht, sondern den Interessen ihrer Auftraggeber. Ihre einzige Leitschnur waren daher notwendig die Lehren der R h e t o r i k , d. h. die Regeln einer Technik, die jeglicher ethischen Grundlage entbehrte[40] und deren erklärtes Ziel, wie WIEACKER[41] in diesem Kreise bereits hervorgehoben

---

[37] Vgl. IVO BRUNS, Das literarische Porträt der Griechen (Berlin 1896) 545 f.
[38] A. a. O. 41.
[39] Das Problem bedarf näherer Untersuchung. Vgl. einstweilen JUSTUS HERMANN LIPSIUS, Das attische Recht und Rechtsverfahren (Leipzig 1905 bis 1915) 646 ff.
[40] Das hat man oft beobachtet; s. etwa ERIK WOLF, a. a. O. III, S. 159.
[41] A. a. O. 22.

hat, nicht die Übermittlung objektiver Wahrheiten war, sondern die bloße Ü b e r r e d u n g der Hörer.

VI

Damit bin ich ans Ende meiner Ausführungen gelangt. WIEACKER, auf dessen Vortrag ich noch einmal zurückgreifen darf, hat „die überhaupt nicht zu überschätzende Wirkung" Ciceros „auf die spätere Antike und auf die ganze europäische Welt" betont[42]. Cicero aber ist nicht denkbar ohne die attische Rhetorik des 5. und 4. Jahrhunderts v. Chr. Die athenischen Logographen, einschließlich des Demosthenes, waren selbst noch weit von dem entfernt, was die heutige zivilisierte Welt mit dem Begriff des Advokaten verbindet. Aber soweit wir die Rechtsgeschichte des Altertums kennen, waren sie die ersten, die sich gewissermaßen beruflich mit der Unterstützung von Prozeßparteien befaßten[43]. Zumindest waren sie diejenigen, von denen eine Tradition dieses Berufes ausging, die bis heute anhält. In diesem Sinne sind wir zu der Feststellung berechtigt, daß mit ihnen, und vor allem mit Demosthenes als demjenigen unter ihnen, von dem der stärkste Einfluß auf die Nachwelt ausgegangen ist, die Geschichte der europäischen Anwaltschaft begann. Darin liegt ihre und des Demosthenes Bedeutung für die Weltgeschichte des Rechts.

---

[42] A. a. O. 26.
[43] Obwohl die kunstmäßig betriebene Rhetorik in Sizilien entstanden ist, wird uns von dort nichts dergleichen berichtet.

WERNER JAEGER

Demosthenes

Der Staatsmann und sein Werden

2. Auflage
Oktav. VIII, 268 Seiten. 1963. Ganzleinen DM 24,—

Das Ziel Werner Jaegers ist eine Neuinterpretation der Reden des Demosthenes als der authentischen Quellen seines politischen Denkens und Handelns. Aus seinen Reden selbst sollen die Kriterien ihres politischen Verständnisses gewonnen werden. Dabei hat der Verfasser eine Form der Darstellung gewählt, die einem größeren Kreise zugänglich ist.

KURT VON FRITZ

Die Griechische Geschichtsschreibung

3 Text- und 3 Anmerkungsbände · Groß-Oktav

Band I
Von den Anfängen bis Thukydides

Textband: XII, 823 Seiten. — Anmerkungsband: IV, 423 Seiten. 1967
Ganzleinen DM 148,—

Inhalt: Allgemeine Grundlagen — Historische Voraussetzungen und Anfänge — Hekataios von Milet — Zwischen Hekataios und Herodot — Herodot — Hellanikos von Lesbos und seine Zeitgenossen — Neue chronologische Methoden — Thukydides — Exkurs I — Exkurs II — Register.

Walter de Gruyter & Co · Berlin 30

Hans-Ludwig Schreiber
Der Begriff der Rechtspflicht
Quellenstudien zu seiner Geschichte

Mit einem Vorwort von Hans Welzel

Oktav. X, 168 Seiten. 1966. DM 22,—

Wilhelm Sauer
Die Gerechtigkeit
Wesen und Bedeutung im Leben der Menschen und Völker

Oktav. VIII, 186 Seiten. 1959. Ganzleinen DM 18,—

Wilhelm Sauer
Leben und Lehre
Eine Selbstdarstellung als Lehrmittel und Zeitbild

Oktav. 215 Seiten. Mit 1 Bildnis. 1958. DM 13,50

Franz Scholz
Ein Leben für die Gerechtigkeit
Erinnerungen

Oktav. 164 Seiten. 1955. Ganzleinen DM 14,50

Walter de Gruyter & Co · Berlin 30

www.ingramcontent.com/pod-product-compliance
Lightning Source LLC
Chambersburg PA
CBHW071412160426
42813CB00085B/1084